제일
얇은
영문법

유튜브: 제일 얇은 영문법

유튜브를 통해 추가 보충 자료를 제공해 드립니다.

영문법의
머릿돌

제일
얇은
영문법

태왕기(Jacob T) · 장윤식(Peter J) 지음

좋은땅

머리말

안녕하세요!
영어 강사 태왕기(Jacob T), 장윤식(Peter J) 입니다.

다양한 영어 시험을 오랜 기간 가르치면서, 항상 스스로에게 이런 질문을 던졌습니다.
"어떻게 하면 학생들이 영어 시험에서 더 좋은 점수를 받고, 영어 실력을 효과적으로 키울 수 있을까?"
영어권에서 자란 사람들이 영어를 자연스럽게 잘하는 이유는 무엇일까요?
그들은 반복적으로 영어를 사용하면서, 단어의 품사나 문장 구조를 따로 배우지 않아도 체득하게 됩니다. 이렇게 몸과 머리가 자연스럽게 익히다 보니 단어를 사용하거나 문장을 만드는 데 어색함이 없습니다.
하지만 한국에서 영어를 배우는 학생들은 영어에 지속

적으로 노출되기 어려운 환경에 있습니다. 따라서 영어 실력을 효과적으로 키우기 위해서는, 단기간에 품사와 문장 구조를 익히고, 이를 바탕으로 예문과 독해 훈련을 통해 자연스럽게 활용할 수 있게 하는 접근이 필요하다고 생각했습니다.

문제는 기존의 300~400페이지가 넘는 두꺼운 문법 책들은 한꺼번에 내용을 이해하고 체득하기에 너무 방대하다는 점이었습니다. 그래서 중요한 핵심만 담아 기본기를 우선적으로 다질 수 있는 방법을 고민했습니다.

이러한 고민 끝에 '제일 얇은 영문법'을 만들게 되었습니다.

이 책은 문법의 핵심을 빠르고 간결하게 익힐 수 있도록 구성되어 있으며, 이를 통해 탄탄한 기본기를 쌓은 뒤 점차 깊이를 더해 가는 학습이 가능하도록 돕고자 합니다.

이 책이 여러분의 영문법 학습에 소중한 밑거름이 되기를 진심으로 바랍니다.

2025년 2월 18일
영어 강사 태왕기 / 장윤식 드림

목차

1장   품사론

1과 명사
- Unit 1 명사의 종류 ············ 14
- Unit 2 소유격 ············ 16
- Unit 3 관사 ············ 20

2과 대명사
- Unit 1 인칭 대명사 ············ 28
- Unit 2 지시 대명사 ············ 32
- Unit 3 부정 대명사 ············ 33
- Unit 4 의문사 ············ 36

3과 동사
- Unit 1 시제 ············ 44
- Unit 2 타동사 / 자동사 ············ 49
- Unit 3 수동태 ············ 52

4과 형용사
- Unit 1 명사 수식 ············ 64
- Unit 2 보어 역할 ············ 67
- Unit 3 수사 ············ 69
- Unit 4 형용사구 ············ 72
- Unit 5 형용사절 ············ 74

5과 부사

Unit 1 수식	84
Unit 2 부사 위치	87
Unit 3 부정부사 / 빈도부사	88
Unit 4 부사구	90
Unit 5 부사절	93

6과 접속사

Unit 1 등위 접속사	102
Unit 2 상관 접속사	105
Unit 3 종속 접속사	109

7과 전치사

Unit 1 시간	120
Unit 2 장소	123
Unit 3 그 외 전치사	126
Unit 4 형용사구와 부사구	128

8과 감탄사

Unit 1 일반 감탄사(interjection)	134
Unit 2 What 감탄문	136
Unit 3 How 감탄문	138

2장 구조론

- 1과   주어(문장에서 주어 역할을 하는 것) ········· 144
- 2과   동사 ········· 150
- 3과   목적어(기본은 3형식의 주동목) ········· 176
- 4과   보어 ········· 184
- 5과   수식어(Modifier) ········· 192
- 6과   접속사 ········· 196

1장

품사론

1과

명사

한 번 읽고 시작하기!

모든 단어는 품사와 문장 속 역할이 있다.
모든 구는 품사와 문장 속 역할이 있다.
모든 절은 품사와 문장 속 역할이 있다.

부정관사
a, an (모음앞)

가산 명사 앞에 처음 언급되는 명사 앞
화자가 모르는 명사 앞
특정하지 않는 명사 앞

I am a student.
A child needs love.
Give me a pen.

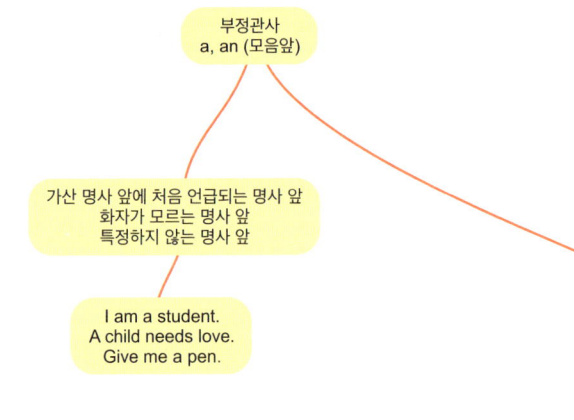

수일치

가산명사

- **보통명사**: book, chair, cup
- **집합명사**: family, team
  - The police are looking for the evidence.
  - Cattle are on the lawn.

불가산 명사

- **물질명사**: water, air, money
  - a glass of water
  - a bar of soap
  - a carton of milk
  - a piece of furniture
- **고유명사**: Korea, Seoul, America
- **추상명사**: love, joy

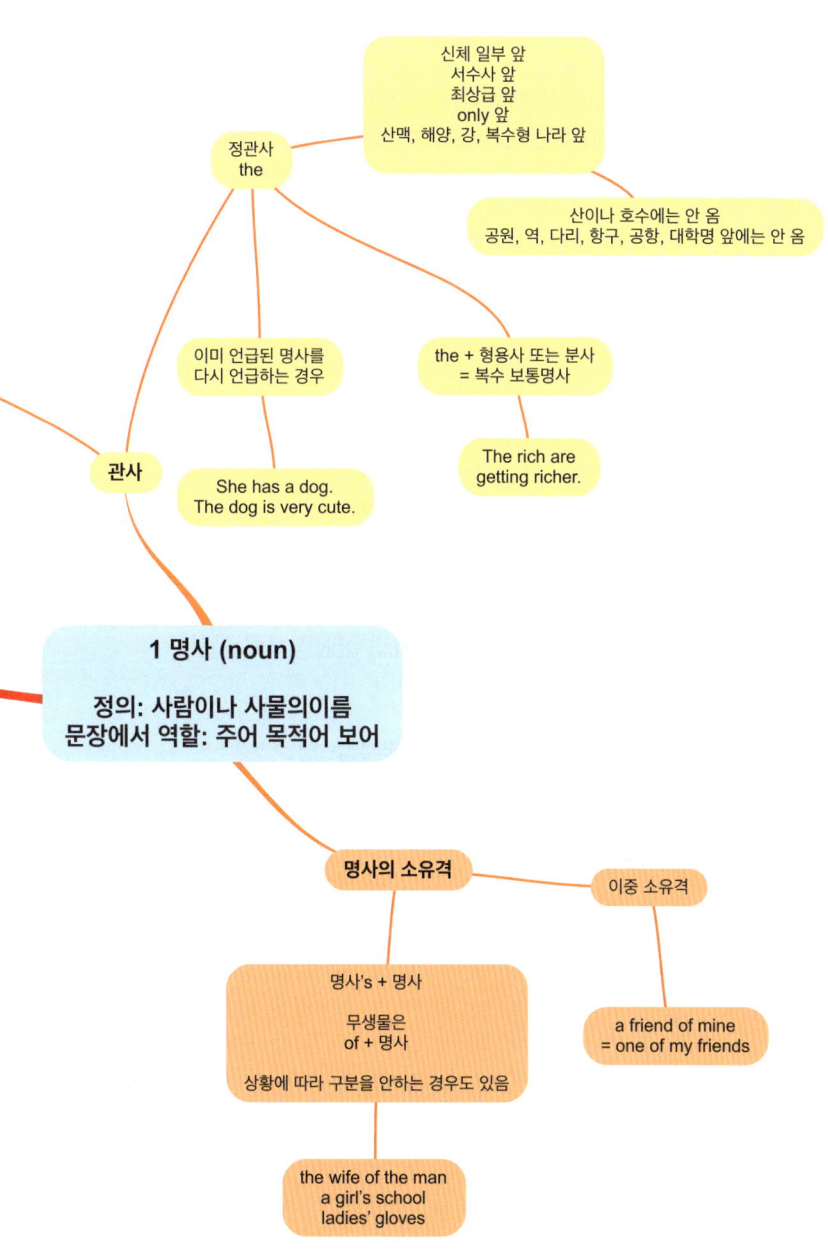

Unit 1 명사의 종류

명사 정의와 역할
명사는 사물, 동물, 사람의
이름으로 문장에서
주어, 목적어, 보어 역할을 한다.

가산 명사
단수와 복수로 나뉘며, 보통명사와 집합명사로 구분
예: a book(책 한 권),
Children are happy.(아이들은 행복하다.)

불가산 명사
셀 수 없는 명사로, 물질명사, 고유명사, 추상명사가 있음
예: water(물),
Jacob(제이콥, 사람이름),
homework(숙제)

필요 시,

a glass of water(물 한 잔)

a loaf of bread(빵 한 덩어리)

a piece of furniture(가구 한 가지)

a piece of paper(종이 한 장)

a piece of advice(충고 한 마디)처럼 표현

Unit 2 소유격

소유격의 정의
명사 앞에서 소유권을 나타냄
예: my, your, his 등

소유격 형용사
명사 수식
my car(나의 자동차),
your school(당신의 학교),
her house(그녀의 집) 등

소유격 대명사
명사 대체
The book is mine.(이 책은 나의 것입니다.)

소유격 형태와 규칙

어포스트로피(')와 's'를 붙임

명사's + 명사

Mr.Kang's shop (강씨의 상점)

a girl's school (여학교)

무생물인 경우 "of + 명사"

the cover of the book (그 책의 표지)

the top of the mountain (그 산의 정상)

단어가 복수이면, 어포스트로피만 붙임

ladies' gloves (여성들의 장갑들)

My parents' house is in the countryside.

(우리 부모님의 집은 시골에 있다.)

단어가 복수인데, "~s"로 끝나지 않으면, 어포스트로피와 's'를 붙임

the men's changing room (남자 탈의실)

이중 소유격

a friend of mine = one of my friends

(나의 친구들 중 하나)

He is a student of Kate's.

(그는 케이트 학생들 중 하나이다.=그는 케이트의 학생이다.)

Unit 3 관사

관사의 종류와 사용

부정관사(a/an): 처음 언급되거나 불특정하거나 셀 수 있는 단수명사 앞
예: a sandwich(샌드위치 하나),
an apple(사과 한 개)

정관사(the): 특정하거나, 유일한 것, 이미 언급된 명사 앞
예: the sun(태양),
the book(그 책, 화자 및 청자 모두 어떤 책을 언급하는지 알고 있음)

무관사: 고유명사, 추상적 개념, 총칭적 용법 등에 사용
예: Creativity is valuable.
(창의성은 가치가 있다.)

Dogs are adorable. (강아지들은 사랑스럽다)

Sparrows are small. (참새들은 작다)

특이 사항 #1

직업 앞에 부정관사 사용

예: Susan is a lawyer. (수잔은 변호사입니다.)

특이 사항 #2

식사(dinner),

언어(English),

병명(pneumonia) 앞에는 무관사

Jacob had spaghetti for dinner.

(제이콥은 저녁으로 스파게티를 먹었다.)

Eugene speaks English fluently.
(유진이는 영어를 유창하게 말한다.)
He was hospitalized because of pneumonia.
(그는 폐렴 때문에 입원했었다.)

예외) I have a cold.(나는 감기에 걸렸다.)

잠깐 쉬어가기

작가들이 전하는 지혜

Passionately, warmly, and consistently.

치열하게, 따뜻하게, 그리고 꾸준하게!!!

2과

대명사

한 번 읽고 시작하기!

모든 단어는 품사와 문장 속 역할이 있다.
모든 구는 품사와 문장 속 역할이 있다.
모든 절은 품사와 문장 속 역할이 있다.

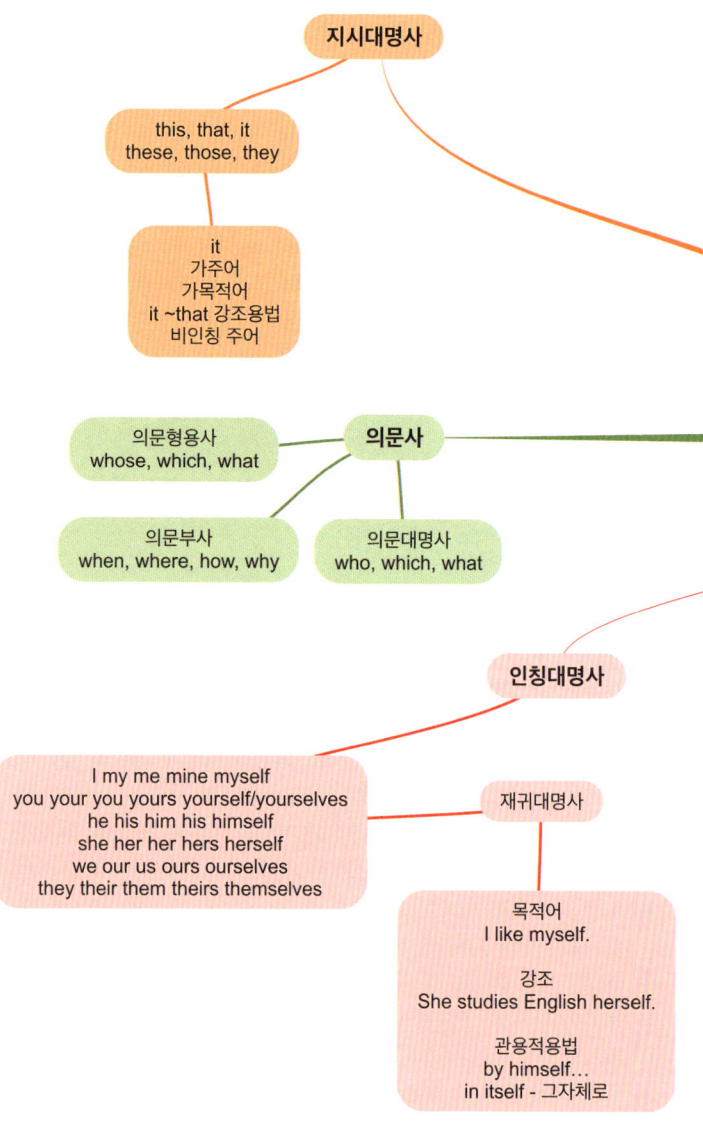

2 대명사

정의: 명사를 대신 하는 말
문장에서 역할: 주어 목적어 보어

부정대명사

all, both, half 는 뒤에 인칭대명사의 목적격이 올 때를 제외하고 of 생략 가능.

one, some, any, all, each, other, either, another

every, each
단수취급

one, another, other, the other, the others, others

some 과 any 차이

some
긍정문/ 권유

any
부정문/의문문
아무라도, 어느 것이라도
긍정문에서 사용
Ask any of the teachers.
Any student can answer the question.

Unit 1   인칭 대명사

정의

대명사는 명사를 대신하여 사용되는 단어

예: Peter → he

　　Soobin → she

이 외, I(나), you(너, 너희들), they(그들), we(우리)

종류

주격 대명사: 문장에서 주어로 사용

예: She is my friend.(그녀는 나의 친구입니다.)

〈It〉

3인칭 단수이자, 남녀 상관없이 중성표현

Someone called. It must have been Jacob.

(누군가 전화했어. 그건 확실히 제이콥이었을 거야.)

목적격 대명사: 동사의 목적어로 사용

예: I called her.(나는 그녀에게 전화를 했습니다.)

소유격 대명사: ~의 것

예: The book is hers.

(그 책은 그녀의 것입니다.)

Mine is on the table.

(내 것은 테이블 위에 있어.)

재귀 대명사: 주어와 목적어가 같을 때 사용

예: I love myself.(나는 나 자신을 사랑합니다.)

I love me.(X)

아빠(주어, he)와 아들(him)이 있다고 가정하면,
He loves him.(아빠는 아들을 사랑한다.)
He loves himself.(아빠는 자신을 사랑한다.)

비인칭 대명사: 특정 대상을 지칭하지 않을 때 사용(날씨, 거리, 시간, 요일)
예: It is raining.(비가 오고 있습니다.)
What time is it?(지금 몇 시입니까?)
It is 2 p.m.(오후 2시 입니다.)

주격대명사	소유격 형용사 (~의)	목적격 대명사	소유격 대명사 (~의 것)	재귀 대명사 (~ 자신에게)
I(나)	my	me	mine	myself
you(당신) 단수	your	you	yours	yourself
he(그)	his	him	his	himself
she(그녀)	her	her	hers	herself
it(그것)	its	it	없음	itself
they(그들)	their	them	theirs	themselves
we(우리)	our	us	ours	ourselves
you(당신들) 복수	your	you	yours	yourselves

Unit 2 지시 대명사

기본 개념

가까운 대상: this(단수), these(복수)

먼 대상: that(단수), those(복수)

예: This is my favorite racket.

(이것은 내가 제일 좋아하는 라켓입니다.)

What is that?

(저것은 무엇입니까?)

★ 상관없이 활용: it(단수), they(복수)

형용사 역할

명사 앞에 위치할 경우 지시형용사(this)로 사용

예: This song is great.(이 노래는 대단합니다.) (형용사+명사) 형명!

These cars are imported.(이 자동차들은 수입산이다.)

Those cars are domestic.(저 자동차들은 국산이다.)

Unit 3 부정 대명사

단수 부정대명사
(네거티브 의미가 아닌, 부정확한의 뜻)
불특정 단수를 지칭

예: Everyone is invited.

(모든 사람들이 초대되었습니다.)

Someone is at the door.

(누군가 문에 있습니다.)

복수 부정대명사
불특정 복수를 지칭

예: Many have tried.

(많은 사람들이 시도했습니다.)

(many 뒤에 people이 생략)

Some are born with talent.

(몇몇 사람들이 재능을 가지고 태어납니다.)

단수, 복수 겸용

예: All is forgiven. (단수)

(모든 것이 용서됩니다.)

All of them are here. (복수)

(그들 모두가 여기 있습니다.)

None of it matters. (단수)

(그 어떤 것도 문제가 되지 않는다.)

None of them are missing. (복수)

(그 어떤 이도 실종되지 않았다.)

부정 대명사 vs. 형용사

대명사: Many have decided.

(많은 사람들이 결정했습니다.) (Many - 대명사)

All have experienced it. (All - 대명사)

(모든 사람들이 그것을 경험한 적이 있다.)

형용사: Many classmates joined.

(많은 학급 친구들이 참여했습니다.) (형명!)

Many - 형용사

classmates - 명사

All residents were told to sign.(형명!)

(모든 거주자들은 싸인 하도록 당부 받았다.)

Unit 4 의문사

의문 형용사

명사를 수식

예: What color do you like?(형명!)

(당신은 무슨 색을 좋아합니까?)

What - 의문형용사 / color - 명사

Whose car is it?(형명!)

(그것은 누구의 차입니까?)

의문 대명사

사람 또는 사물을 묻는 질문

예: Who is he?(그는 누구입니까?)

What is it?(그것은 무엇입니까?)

의문 부사

장소, 시간, 이유, 방법을 묻는 질문

예: Where did you go?(당신은 어디에 갔었나요?)

Why do you study?(당신은 왜 공부를 하나요?)

간접 의문문

문장 안에 들어가는 의문사 문장은 평서문의 어순으로 바뀜

예: Where did you go?(어디에 갔었니?)

Tell me where did you go.(X)

Tell me where you went.(O)

(당신이 어디에 갔었는지 말하세요.)

Do you know why you study English?

(당신은 왜 영어 공부를 하는지 알고 있나요?)

부가 의문문

다시 확인하는 질문(앞 문장 동사형태를 일치)

예: You had breakfast, didn't you?

(당신은 아침 식사를 했죠, 그렇죠?)

He has not finished his homework, has he?

(그는 숙제를 끝마치지 못했습니다, 그렇죠?)

Julie can speak Japanese, can't she?

(줄리는 일본어를 할 줄 알아요, 그렇죠?)

The movie wasn't interesting, was it?

(그 영화는 흥미롭지 않았어요, 그렇죠?)

잠깐 쉬어가기

작가들이 전하는 지혜

We become what we think about.

by Earl Nightingale(얼 나이팅게일)

사람은 생각하는 대로 된다.

3과

동사

한 번 읽고 시작하기!

모든 단어는 품사와 문장 속 역할이 있다.
모든 구는 품사와 문장 속 역할이 있다.
모든 절은 품사와 문장 속 역할이 있다.

3 동사
주어의 동작이나 상태

시제
12시제
과거 현재 미래
+ 완료
+ 진행

현재
현재 상태
현재 습과 및 반복적인 행동
과학적 사실

I usually wake up at 6 in the morning.
The earth orbits the sun.

과거
과거의 동작, 상태, 습관

I studied English for my mid term exam last night.
She belonged to the dancing club two years ago.
He used to ask me strange questions.

미래
will 또는 be going to + 동사 원형

It will rain tomorrow.
미래 정보 제공

I am going to study English tonight.
가까운 미래, 의도 강조

I will really stop playing computer games.
I am really going to stop computer games.

주어의 강한 의지일 경우 be going to를 쓰기도 한다

진행형
진행 중인 동작이나 상태

I am getting up at 6 this month.
I get up at 6 every day.

진행형이 거의 안되는 동사들
know, remember, believe, forget, understand
like, live, want, have, contain

think는 생각 하다는 의미는 안되고 고려하다는 의미는 가능

수동태
be + 과거분사 (p.p)

자동사 * 타동사

자동사

완전 자동사 (1형식)

I go to school at 7.
The machine works well.

불완전 자동사 (2형식)
보어를 필요로 하는 자동사

Life is cool.
He becomes happy.
She feels good.
The food goes bad.

be, keep, become, get, grow, go (~이되다)
feel, smell, sound, taste

완전 타동사 (3형식)

I have a dog.
She bought a car.
He turned on the TV.
He turned it on.
I depend on my parents.

give up, check out, put away, sort out
look after, listen to, deal with
catch up with, look forward to

전치사가 필요 없는 동사
address, answer, obey, attend
reach, approach, enter (enter into=사업을 시작하다)

과거완료

**완료, 결과, 경험, 계속
+
대과거**

When I arrived at the station, the train had left. (결과?, 완료?, 대과거)

미래완료
완료, 결과, 경험, 계속
과거 또는 현재 시점에서 미래 기준이 되는 시점까지

I will have finished the work by 7 o'clock.
She will have lived in Seoul for 10 years next year.

현재완료

완료, 결과, 경험, 계속

완료
just, already, yet
I have just finished my homework.

결과
I have lost my pen.
I lost my pen.

경험
I have been to Germany.
I have gone to Germany. (x)
She has gone to Germany. (결과)

계속
I have studied English for 7 years.
I have studied English since I was 11 years old.

혼동되는 자동사 타동사

lie 눕다, 거짓말하다
lay 놓다

rise 오르다
raise 올리다

타동사

수여동사 (4형식)

주어 동사 간접목적어 직접목적어

She gave me a pen.
She gave a pen to me.

He made me a cake.
He made a cake for me.

give, tell, lend, show, bring
make, get, cook
ask, permit, forgive

4형식으로 혼동되는 동사

explain, suggest, confess, announce
introduce, mention, donate, propose

불완전 타동사 (5형식)

주어 동사 목적어 목적격보어

His performance made me happy.

make, get, turn, leave
call, appoint, find, consider

want, wish, tell, ask, allow + 목적어 + to부정사
지각동사/사역동사 + 목적어 + 원형부정사
make, let, have
feel, hear, listen to, see, watch, look at, notice

I saw her go to school.
I saw her going to school.

She wants the task done by 5 o'clock.
He had his pen stolen.

Unit 1   시제

현재 시제

반복적 상황, 습관, 과학적 사실, 타임테이블 등에 사용

구조: 주어 + 동사(현재)

예: Water boils at 100°C.

(물은 100도에서 끓어요.)

I brush my teeth every day.

(나는 매일 양치를 합니다.)

I am a university student. (나는 대학생이다.)

현재진행형: 주어 + be + ~ing.

예: I am playing tennis.

(나는 테니스를 치는 중입니다.) (현재 진행)

I am playing tennis tonight.

(나는 오늘 밤 테니스를 칠 거예요.)

→ 가까운 미래

과거 시제

끝난 시점에 초점

구조: 주어 + 동사(과거형)

→ (-ed 또는 불규칙 변화)

예: I ate lunch at 1 PM. (불규칙동사 eat)

(나는 오후 1시에 점심을 먹었다.)

I walked to the station. (규칙동사 walk)

(나는 그 정류장으로 걸어갔다.)

과거진행형: 주어 + was/were + ~ing.

예: I was eating lunch when my mom called me.

(엄마가 전화했을 때 나는 점심을 먹고 있었다.)

I was studying German.

(나는 독일어를 공부하는 중이었어요.)

미래 시제

미래 계획 및 예측

구조: 주어 + will + 동사원형

예: I will go to the party.

(나는 그 파티에 갈 것이다.)

will = be going to

I am going to go to the party. (미리 계획함)

I am going to the party. (가까운 미래)

(나는 파티에 갈 예정이다.)

미래진행형: 주어 + will + be + ~ing.

예: I will be studying in the US in 2050.

(나는 2050년에 미국에서 공부하고 있을 것이다.)

The train will be leaving soon.

(기차가 곧 출발할 예정이다.)

현재완료

과거부터 현재까지의 경험, 결과, 지속성

구조: 주어 + have/has + p.p.(과거 분사형)

예: I have read the book.(나는 그 책을 읽었다.)

Emma has been to Vietnam.

(엠마는 베트남에 다녀온 적이 있다.)

She has been studying for three months.

(현재 완료 진행형)

(그녀는 3개월 동안 공부해 오고 있다.)

과거완료

(대과거 - 과거 그리고 그 이전의 과거)

과거의 특정 시점보다 이전 사건

구조: 주어 + had + p.p.(과거 분사형)

예: Susan had left before I arrived.

(내가 도착하기 전에 수잔은 떠났다.)

(어떤 사건이 일어났었는지 시간 및 순서 개념으로 이해)

미래완료

미래의 특정 시점까지 완료된 일

구조: 주어 + will + have + p.p.

예: By the time we arrive, everyone will have left.

(우리가 도착할 즈음에는 모두 떠났을 것이다.)

I will have graduated from university by 2040.

(2040년이 되면 나는 대학교를 졸업했을 거야.)

Unit 2 타동사 / 자동사

타동사

목적어를 필요로 하는 동사

구조: 주어 + 동사 + 목적어

예: I played tennis.

(나는 테니스를 쳤다.)

She told me the truth.

(그녀는 나에게 진실을 말했다.)

타동사는 수동태로 변환 가능

(자동사는 수동태로 바꿀 수 없음)

예: He opened the door.

(그는 그 문을 열었다.) (타동사)

The door was opened by him. (목적어가 주어로)

(그 문은 그에 의해서 열렸습니다.)

자동사

목적어 없이 독립적으로 사용

구조: 주어 + 동사

예: She runs every morning.

(그녀는 매일 아침 달린다.)

(여기서, every morning은 시간 부사구)

The sun rises.

(해가 뜬다.)

(수동태 형태로 바꿀 수 있는 목적어가 없음.)

둘 다 가능한 동사

일부 동사는 자동사와 타동사로 모두 사용 가능

예: I run every day.

(나는 매일 뛴다.) (자동사)

I run a company.

(나는 회사를 운영한다.) (타동사).

A company is run by me.

(한 회사가 나에 의해 운영되고 있다.)

타동사 용법만 수동태로 변환 가능

타동사 및 자동사 둘 다 가능한 동사들

break(깨다), open(열다), write(쓰다), speak(말하다), teach(가르치다), cut(자르다) 등

Unit 3 수동태

형태: be 동사 + p.p.(과거분사형) +by 행위자

The letter was written by Jacob.

(그 편지는 제이콥에 의해서 쓰여졌다.)

예: The bank was robbed.(은행이 털렸다.)

The bank was robbed(by someone).

(그 은행은 누군가에 의해서 털렸다.)

수동태에서 일반적인 행위자는 보통 생략한다.

He is paid weekly.(그는 매주 급여를 받는다.)

He is paid weekly(by the company).

(그는 회사로부터 매주 급여를 받는다.)

수동태에서 일반적인 행위자는 보통 생략한다.

용도

누가 했는지보다 결과에 초점

(행위자가 아닌, 행위를 받은 주체가 초점일 때)

정보 공개, 안내문 등에 사용

예: Passengers are advised to fasten their seatbelts.

(승객들은 안전벨트를 매도록 권고받는다.)

현재완료 수동태

현재까지 영향을 미치는 사건에 사용(상태지속)

구조: 주어 + have/has + been + p.p.

예: His car has been stolen.(그의 차는 도난 당했다.)

(말하는 시점에도 자동차는 도난 당한 상태임)

His car was stolen. (단순 과거시제 수동태)
(그의 차는 도난당했었다.)
(끝난 시점에 초점일 뿐, 지금 상태는 모름)

Many jobs have been created.
(많은 일자리가 창출되었다.)

The president has declared a new environmental law.
(대통령이 새로운 환경법을 선포했다.) - 능동태
행위자인 대통령에 초점을 둠

A new environmental law has been declared by the president.
(새로운 환경법이 대통령에 의해 선포되었다.) - 수동태
결과물인 환경법에 초점을 둠(공식적인 발표용)

규칙적 동사 예

동사원형	과거형	과거분사형	뜻
ask	asked	asked	묻다
clean	cleaned	cleaned	청소하다
close	closed	closed	닫다
cook	cooked	cooked	요리하다
dance	danced	danced	춤추다
enjoy	enjoyed	enjoyed	즐기다
help	helped	helped	돕다
invite	invited	invited	초대하다
jump	jumped	jumped	뛰다
laugh	laughed	laughed	웃다
like	liked	liked	좋아하다
listen	listened	listened	듣다
play	played	played	놀다
rain	rained	rained	비가 내리다
talk	talked	talked	말하다
use	used	used	사용하다
visit	visited	visited	방문하다
wait	waited	waited	기다리다
walk	walked	walked	걷다
watch	watched	watched	보다

불규칙 동사 예

동사원형	과거형	과거분사형	뜻
be	was/were	been	이다, 존재하다
begin	began	begun	시작하다
break	broke	broken	깨다, 부수다
bring	brought	brought	가져오다
build	built	built	짓다, 건설하다
buy	bought	bought	사다
catch	caught	caught	잡다
choose	chose	chosen	선택하다
come	came	come	오다
cost	cost	cost	비용이 들다
cut	cut	cut	자르다
do	did	done	하다
draw	drew	drawn	그리다, 끌다
drink	drank	drunk	마시다
drive	drove	driven	운전하다
eat	ate	eaten	먹다
fall	fell	fallen	떨어지다
feel	felt	felt	느끼다
find	found	found	찾다, 발견하다
forget	forgot	forgotten	잊다
get	got	got/gotten	얻다, 받다
give	gave	given	주다
go	went	gone	가다

grow	grew	grown	자라다, 성장하다
have	had	had	가지다
hear	heard	heard	듣다
hit	hit	hit	치다
hold	held	held	잡다, 개최하다
keep	kept	kept	유지하다
know	knew	known	알다
leave	left	left	떠나다
lend	lent	lent	빌려주다
let	let	let	허락하다, 두다
lose	lost	lost	잃다, 지다
make	made	made	만들다
meet	met	met	만나다
pay	paid	paid	지불하다
put	put	put	놓다
read	read	read	읽다
run	ran	run	달리다
say	said	said	말하다
see	saw	seen	보다
sell	sold	sold	팔다
send	sent	sent	보내다
sit	sat	sat	앉다
sleep	slept	slept	자다

speak	spoke	spoken	말하다
stand	stood	stood	서다
take	took	taken	가지다, 데려가다
teach	taught	taught	가르치다
tell	told	told	말하다, 이야기하다
think	thought	thought	생각하다
understand	understood	understood	이해하다
wear	wore	worn	입다, 착용하다
write	wrote	written	쓰다

잠깐 쉬어가기

작가들이 전하는 지혜

Never trade your dreams for money.

돈에 꿈을 팔지 마라.

4과

형용사

한 번 읽고 시작하기!

모든 단어는 품사와 문장 속 역할이 있다.
모든 구는 품사와 문장 속 역할이 있다.
모든 절은 품사와 문장 속 역할이 있다.

small/ large
amount, population, audience

low/high
salary, income, cost

수사

a few/ few/ a little/ little

기수사
four hundred people
hundreds of people

서수사
the fourth
the third

배수사
four times as large as

한정적 또는 서술적 용법

한정적 용법
명사 앞에서 뒤에서 수식함

한정적 용법으로만 활용이 되는 형용사

chief, only, total, main, previous

서술적 용법
주격 보어나 목적격 보어
즉 주어나 목적어를 설명해 줌

서술적 용법으로만 활용이 되는 형용사

afraid, alive, alone, aware, asleep

명사 뒤 수식

a glass which is full of juice
a glass full of juice

~thing
something, anything, nothing
something special

형용사구
to 부정사
분사 (현재분사/과거분사)

형용사절
관계대명사
관계부사

형용사

정의: 명사의 성질
역할: 명사 수식 + 주격보어/목적격보어

사람을 주어로 하지 않는 형용사

important, essential, dangerous, easy, hard

He is easy to repair the car. (x)
It is easy for him to repair the car.

Unit 1 명사 수식

한정적 용법

명사를 한정하여 구체적으로 설명. 명사 앞에 위치

예: an apple(사과 한 개),

two apples(사과 두 개),

a red apple(빨간 사과 한 개)

주요 한정 형용사: chief(최고의), main(주요한), only(오로지), previous(이전에)

chief reason(최고의 이유)

main goal(주요한 목표)

only person(유일한 사람)

previous meeting(이전 회의)

서술적 용법

형용사가 be 동사 뒤에 위치하며 상태나 성질 서술

예: I am beautiful.(나는 아름답다.)

The movie is interesting.(그 영화는 흥미롭다.)

Be happy.(행복하세요.)

후치수식

형용사가 명사 뒤에 위치. 주로 구나 절 형태로 앞 명사 꾸밈

예: a glass full of juice.(주스로 가득 찬 유리잔)

(유리잔인데(명사), 어떤 유리잔? → 주스로 가득 찬(full of juice) → 형용사구)

부정 대명사 뒤에도 사용

예: something delicious. (맛있는 무언가)

We would like to try something delicious.

(우리는 무언가 맛있는 거 먹고 싶어요.)

anyone available. (이용 가능한 누구나)

Is there anyone available in the office?

(사무실에 아무나 시간 되시는 분 있나요?)

Unit 2   보어 역할

보어란, 보충어 즉 주어나 목적어에 대해 보충 설명을 하는 단어이다. 영어로는 Complement 라고 함.

주격 보어
주어의 상태를 설명
주로 2형식 문장에서 사용
예: William is tall.(윌리엄은 키가 크다.)
tall은 형용사이며 보어 역할

목적격 보어
목적어의 상태를 설명
주로 5형식 문장에서 사용
예: I find the movie entertaining.
(나는 그 영화가 재미있다고 생각한다.)

1형식	주어+동사		자동사
2형식	주어+동사+주격보어	주어를 보충해 주는 보어	
3형식	주어+동사+목적어		타동사
4형식	주어+동사+간접목적어+직접목적어	간접목적어는 사람	
5형식	주어+동사+목적어+목적격보어	목적어를 보충해 주는 보어	

Unit 3 수사

수량 형용사

명사의 수량을 나타냄

셀 수 없는 명사 앞: much(많은), a little(약간의, 적은), a great deal of(상당히 많은)

I don't have much information about it.
(나는 그것에 대한 정보를 많이 가지고 있지 않습니다.)

셀 수 있는 명사 앞: many(많은), a few(약간의, 몇몇), a large number of(상당히 큰 수의)

I have a few friends in Australia.
(나는 호주에 친구 몇 명이 있습니다.)

Any는 주로 부정문이나 의문문에서 사용되나, 긍정문도 가능

I don't have any friends.
(나는 친구가 전혀 없다.)
Is there any milk?
(우유 좀 있나요?)
You can call me any time.
(나에게 언제라도 전화해도 돼요.)
If you need any help, just text me.
(만일 그 어떤 도움이 필요하면, 문자 줘요.)

기수와 서수(개수와 순서)

기수: one, two, three(개수) = 하나, 둘, 셋

서수: first, second, third(순서) = 첫째, 둘째, 셋째

배수: four times as large as(4배만큼 큰)

Shelley has three dogs.

(쉘리는 세 마리의 강아지를 키우고 있다.)

Jane finished the competition in second place.

(제인은 2등으로 대회를 마쳤다.)

The new stadium is four times as large as the old one.

(새 경기장은 이전 경기장의 네 배 크기이다.)

Unit 4 형용사구

To 부정사의 형용사적 용법

명사 뒤에 위치하여 의도를 설명

예: She bought a dress to wear to the party.

(그녀는 파티에서 입기 위해서 드레스를 샀습니다.)

(어떤 드레스를 샀는가? ⇨ to wear to the party ⇨ 파티에서 입기 위해(형용사구))

분사

현재분사(~ing): 동작의 진행

예: The barking dog. 짖는 개(형용사구)

The barking dog kept us awake.

(그 짖는 개가 우리를 계속 깨어 있게 했다.)

Barking(현재분사) - 형용사적 역할

과거분사(~ed): 동작의 완료

예: The broken vase. 깨진 꽃병(형용사구)

She carefully picked up the broken vase.

(그녀는 깨진 꽃병을 조심스럽게 주웠다.)

Broken(과거분사) - 형용사적 역할

Unit 5 형용사절

관계대명사

앞에 있는 명사를 꾸미며 절로 연결

which, that, who, whom, whose.

예: The book that I'm reading is interesting.

(내가 읽고 있는 책은 흥미롭다.)

(that I'm reading은 book을 꾸며주므로 관계대명사를 이용한 형용사절)

They invited someone who was working hard.

(그들은 일을 열심히 하고 있던 누군가를 초대하였다.)

(who was working hard는 someone을 꾸며주므로 관계대명사를 이용한 형용사절)

I met a lady whose Portuguese is very good.

(나는 포르투갈어를 아주 잘하는 여성을 만났다.)

Whom did you call yesterday?(목적격 의문사 whom)
(어제 누구에게 전화했니?)
The person whom I called yesterday was Roger.(내가 어제 전화한 사람은 로져였다.) **- 목적격 관계대명사 whom은 생략가능**

관계부사
부사 역할로 앞에 있는 명사를 꾸밈
where, when, why, how
예: The house where I grew up is now a museum.(내가 자랐던 집은 이제 박물관이다.)
(where I grew up은 house를 꾸며주므로 관계부사를 이용한 형용사절)

I remember the day when we first met.
(나는 우리가 처음 만났던 그날을 기억한다.)
(when we first met은 the day를 꾸며주므로 관계부사를 이용한 형용사절)

That was the reason why I called you last night.
(그것이 내가 어젯밤에 당신에게 전화한 이유였어요.)

This is the way she solved the problem. (O)
(이것이 그녀가 그 문제를 풀어낸 방법이다.)
This is the way how she solved the problem. (X)

the way와 how는 함께 쓸 수 없다.

단, how 관계부사로 사용하는 경우는 선행사 the way가 how 앞에 숨어 있다고 생각하자.

This is how she solved the problem.
(이것이 그녀가 그 문제를 어떻게 풀었는지다.)
(how she solved the problem은 숨어 있는 'they way'를 꾸며주므로 관계부사를 이용한 형용사절)

잠깐 쉬어가기

작가들이 전하는 지혜

Simplification is the ultimate sophistication.

by Leonardo da Vinci

단순함은 최고의 세련됨이다.

5과

부사

부사 위치

방법- 목적어/보어 뒤
목적어 긴 경우 맨 뒤

장소- 문장 끝

빈도- 조비뒤
usually, frequently, sometimes, often, always, never

시간- 일반적으로 맨 뒤

부정 부사

hardly, barely, scarcely
정도/양이 거의 ~않게

He was hardly able to eat.

rarely, seldom
횟수 좀처럼 ~않게

She rarely goes to the movies.

too, either, neither

If you study English, I will do too.
If you don't study English, I won't do either.
Neither do I.

한 번 읽고 시작하기!

모든 단어는 품사와 문장 속 역할이 있다.
모든 구는 품사와 문장 속 역할이 있다.
모든 절은 품사와 문장 속 역할이 있다.

부사구
전치사구
분사구문

부사절
종속접속사가 이끄는 종속절

부사
수식어
형부동문(구/절)

혼동되는 부사
hard
hardly

late
lately

형용사 + ly
예외
hourly, daily, weekly, monthly, deadly

partly, purposely

friendly, lovely, lonely, costly

late 늦은 늦게
hard 딱딱한 어려운 열심히
early 이른 일찍
last 마지막의 마지막으로

타동사 + 부사
put on his jacket
put his jacket on

put it on
put on it (x)

Unit 1 수식

동사 수식(동사+부사)

부사는 동사 뒤에서, 어떻게, 언제, 어디서, 어느 정도 행동이 이루어졌는지 설명

예: She runs quickly.(그녀는 빠르게 달린다.)

주어+동사+부사

Judy speaks fluently.

(쥬디는 유창하게 말한다.)

Nancy will arrive soon.

(낸시는 곧 도착할 것이다.)

형용사 수식(부사+형용사)

형용사 앞에서 수식, 정도를 나타냄

예: The dog is very cute.(그 개는 매우 귀엽다.)

주어+동사+부사+형용사

It is extremely hot.

(그것은 극도로 뜨겁다.)

Rachael was slightly disappointed.

(레이첼은 약간 실망하였다.)

부사 수식(부사+부사)

기존 부사를 꾸며 의미를 강화

예: He speaks quite softly.

(그는 꽤 부드럽게 말한다.)

주어+동사+부사+부사

Susan sings very beautifully.

(수잔은 매우 아름답게 노래한다.)

Hanna runs really fast.

(한나는 정말로 빠르게 달린다.)

문장 수식(부사+문장)

전체 문장이나 절을 수식하며 화자의 태도나 관점을 드러냄

예: Fortunately, the rain stopped.

(다행히도 비가 그쳤다.)

부사+주어+동사

Frankly, Jacob doesn't care about it.

(솔직히, 제이콥은 그것에 대해 신경쓰지 않아.)

Suddenly, it rained.

(갑자기, 비가 내렸다.)

Unit 2　부사 위치

부사는 문장의 맨 앞, 동사 앞, 문장 끝 위치 가능

예: Normally, I play tennis.
(보통, 나는 테니스를 친다.)
I normally play tennis.
(나는 보통 테니스를 친다.)
I play tennis, normally.
(나는 테니스를 친다 보통.)
I play normally tennis. (X)

타동사와 목적어 사이 부사 위치 금지

예: She finished it quickly. (O)
(그녀는 그것을 일찍 끝냈다.)
주어+타동사+목적어+부사(주동목부)
She finished quickly it. (X)

Unit 3 부정부사 / 빈도부사

부정부사

never(절대로 ~않는), seldom(거의 ~않는),
rarely(거의 ~않는), barely(거의 ~않는) 등으로
부정적 빈도를 나타냄

예: She never eats meat.
(그녀는 절대 고기를 먹지 않는다.)

빈도부사

조동사 및 be 동사 뒤에,

그리고 일반동사 앞에 위치하며 빈도 나타냄

예: You should sometimes read books.

(너는 가끔 책을 읽어야 해.)

We are usually home by 7 p.m.

(우리는 보통 저녁 7시면 집에 옵니다.)

I always brush my teeth.

(나는 항상 이를 닦는다.)

빈도부사 often(자주, 종종)을 이용한 의문문

How often do you eat ice cream?

(아이스크림을 얼마나 자주 먹나요?)

Unit 4 부사구

전치사구
동사를 꾸미며 부가적으로 시간, 장소, 이유를 설명

예: They met at the coffee shop yesterday.
(그들은 어제 커피숍에서 만났다.)
At the coffee shop(장소 설명하는 전치사구)
yesterday(시간부사)

부정사구
목적이나 시간을 나타냄

예: He worked late to meet the deadline.
(그는 마감일을 맞추기 위해 늦게까지 일했다.)
late(시간부사)
to meet the deadline(목적 나타내는 부정사구)

분사구문
부사절이 주로 주어가 일치할 때만 간략히 표현되어 분사구로 바뀌며, 부사구 기능을 함

현재분사구문
동작이 동시에 일어남
(의미상 주어의 행동이 능동적)
Hearing the news, she cried.
(그 소식을 듣고 그녀는 울었다.)
아래와 같은 뜻,
After hearing the news, she cried.
(부사절)When she heard the news, she cried.

과거분사구문

어떤 동작이 완료된 후의 상태

(의미상 주어의 행동이 수동적)

Shocked by the news, he couldn't speak.

(그 소식에 충격을 받고 나서, 그는 말을 할 수 없었다.)

아래와 같은 뜻

After being shocked by the news, he couldn't speak.

(부사절)Because he was shocked by the news, he couldn't speak.

Unit 5 부사절

기능과 형태

부사절은 종속접속사를 포함하는 절(when, because, although 등)을 통해 동사, 형용사, 부사를 꾸며주며, 종속절의 기능을 함

종속절은 말 그대로, 어디에 종속되어 있으므로, 홀로 완전한 문장이 안되며, 주절과 함께 이용되어야만 함
(종속절 + 주절 = 완전한 문장)
위 두 절의 순서 바뀜 가능
(콤마 유무확인)

주절은 말 그대로, 홀로 완전한 문장이 됨
하지만, 종속절은 홀로 의미의 완성이 안됨

예: When he arrived at the station, he found that his train had gone already. (종속절 + 주절)
(그가 역에 도착했을 때, 그의 기차는 이미 떠나 있었다.)
→ He found that his train had gone already when he arrived at the station.

Because I am only a student, I can't afford to get married. (종속절 + 주절)
(나는 학생이기 때문에 결혼할 여유가 없다.)
→ I can't afford to get married because I am only a student.

Although I am sitting in the sun, I still feel chilly.
(비록 나는 햇볕 아래 앉아 있는 중이지만, 나는 여전히 으스스 춥다.)
→ I still feel chilly although I am sitting in the sun.

혼동되는 부사

hard vs. hardly

hard: 열심히

예: He works hard.

(그는 열심히 일한다.)

hardly: 거의 ~않다

예: She hardly speaks.

(그녀는 거의 말을 하지 않는다.)

late vs. lately

late: 늦게

예: Judy arrived late.

(주디는 늦게 도착했다.)

lately: 최근에

예: I haven't seen him lately.

(나는 최근에 그를 본 적이 없다.)

near vs. nearly

near: 가까이

예: He lives near the school.

(그는 학교 근처에 산다.)

nearly: 거의

예: It's nearly impossible.

(그것은 거의 불가능하다.)

잠깐 쉬어가기

작가들이 전하는 지혜

Even if you are walking on the edge,
passion will keep you from falling.

모서리를 걸어도,
열정이 있다면 떨어지지 않는다.

6과
접속사

한 번 읽고 시작하기!

모든 단어는 품사와 문장 속 역할이 있다.
모든 구는 품사와 문장 속 역할이 있다.
모든 절은 품사와 문장 속 역할이 있다.

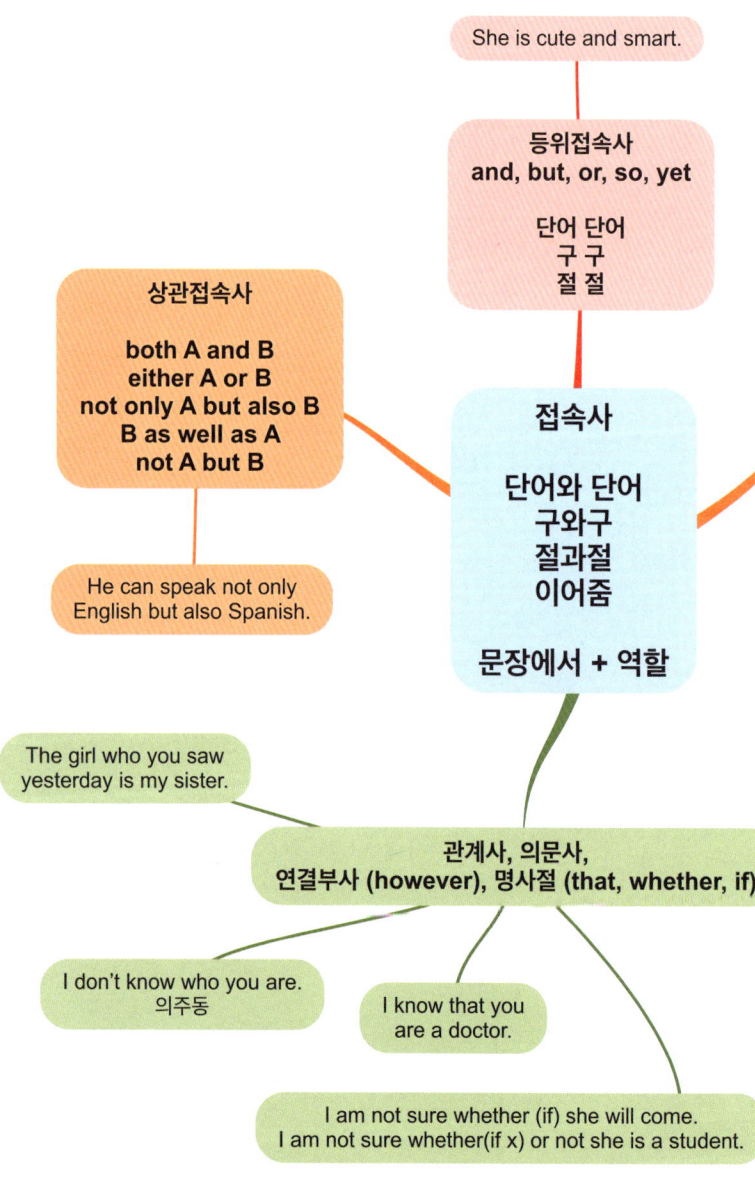

종속접속사
when, while, as, because, since, after, until, though

종속절을 주절에 이어줌

> When I was 7 years old, I was very cute.

시간
when, while, as, until, by the time, after, before, since, as soon as
원인 이유
because, as, since, not that
결과
so ~ that, such ~ that
목적
~so that~
조건
if, unless, as long as, in case
양보
though, although, even though, even if, while

Unit 1 등위 접속사

등위 접속사는 동등한 문법적 요소를 연결하여 복합문 형성

종류 및 예문

for: 이유(문학에서 자주 볼 수 있고, 실생활에서는 종속 접속사인 because를 사용)

She went to the store, for she needed groceries.
(그녀는 식료품이 필요해서 가게에 갔다.)

and: 결합

She loves reading and she loves writing.
She loves reading and writing.
(그녀는 독서와 글쓰기를 좋아한다.)

nor: 부정(도치필요)

I don't like coffee, nor do I like tea.

(나는 커피를 좋아하지 않고, 차도 좋아하지 않는다.)

Billy didn't study, nor did he pass the test.

(빌리는 공부하지 않았고, 시험도 통과하지 못했다.)

but: 대조

She works hard, but doesn't get recognition.

(그녀는 열심히 일하지만 인정을 받지 못한다.)

or: 선택

You can have coffee or tea.

(커피나 차 중 하나를 마실 수 있다.)

yet: 기대하지 못했던 대조적인 결과

She was tired yet continued studying.

(그녀는 피곤했지만 계속 공부했다.)

so: 결과

The weather was beautiful, so they went to the park.

(날씨가 아름다워서 그들은 공원에 갔다.)

Unit 2 상관 접속사

쌍(pair)으로 쓰여 상관관계 형성

주요 표현

both A and B(A와 B 둘 다 모두)

Both the cat and the dog are friendly.

(고양이와 강아지 모두 친근하다.)

either A or B(둘 중 하나 / 긍정적)

You can either study now or later.

(지금 공부하든 나중에 공부하든 선택할 수 있다.)

neither A nor B(둘 다 안됨 / 부정적)

Neither John nor Mary attended the party.

(존도 메리도 파티에 참석하지 않았다.)

Claire is neither kind nor helpful.

(클레어는 친절하지도 않고, 도움이 되지도 않는다.)

not only A but also B(A뿐만 아니라, B도)

She is not only talented but also hardworking.

(그녀는 재능이 있을 뿐만 아니라 성실하다.)

He not only plays the guitar but also sings.

(그는 기타를 칠 뿐만 아니라, 노래도 한다.)

도치(강조법) - 어순 바꾸기

Not only is she talented, but also hardworking.

(그녀는 재능이 있을 뿐만 아니라 성실하다.)

Not only does he play the guitar, but also he sings.

(그는 기타를 칠 뿐만 아니라, 노래도 한다.)

as... as: 동등하게 비교(~ 만큼 ~ 하다)

The movie was as entertaining as I expected.

(그 영화는 내가 기대했던 만큼 재미있었다.)

Rebecca is as tall as her sister.

(레베카는 그녀의 여자 형제만큼 키가 크다.)

not as... as(~ 만큼 ~ 하지 않다)

The cake is not as delicious as last week's.

(그 케익은 지난주에 먹었던 것만큼은 맛이 있지 않다.)

- 지난주 먹었던 것이 더 맛있었다.

The movie was not as interesting as the first one.

(그 영화는 첫 번째 영화만큼 재미있지는 않았다.)

- 첫 번째 영화가 더 재미있었다.

so... that(그래서 ~ 하다)

It was so dark that we couldn't see.

(너무 어두워서 우리는 볼 수 없었다.)

Clara studies hard so that she can pass the test.

(클라라는 시험에 합격하기 위해 열심히 공부한다.)

too... to(너무나 ~ 해서, ~ 하다 / 부정적)

He's too young to watch that movie.

(그는 그 영화를 보기엔 너무 어리다.)

whether... or(~ 인지 아닌지)

I'm not sure whether to take the train or drive.

(기차를 타야 할지 운전해야 할지 모르겠다.)

Unit 3 종속 접속사

종속 접속사는 부사절인 종속절을 이끌며, 이를 독립절인 주절과 연결

종류 및 예문
이유: because, since, as
예: She stayed up late because she had to finish her project.
(그녀는 프로젝트를 끝내야 했기 때문에 늦게까지 깨어 있었다.)
Since it's raining, we'll stay home.
(비가 오고 있으므로, 우리는 집에 있을 거야.)
I didn't call you as I was busy.
(내가 바빴기 때문에 너에게 전화하지 않았어.)

조건: if, unless, provided that

예: If you study, you'll pass the exam.

(공부하면 시험에 합격할 것이다.)

I won't go unless you come.

(나는 당신이 오지 않으면, 가지 않을 거예요.)

Provided that you study hard, you will pass the exam.

(열심히 공부한다면, 너는 시험에 합격할 것이다.)

시간: when, after, before, while

예: I felt happy when I met my old friends.

(나는 나의 오랜 친구들을 만났을 때 행복함을 느꼈다.)

I'll call you after I finish dinner.

(내가 저녁 식사를 끝낸 후에 전화할게.)

Before I sign the document, I would like to check the terms and conditions.
(제가 그 서류에 사인하기 전에, 저는 약정 및 조건들에 대해 체크하고 싶어요.)

While I was having dinner, someone knocked on my door.
(내가 저녁을 먹고 있는 동안, 누군가 내 문을 두드렸다.)

대조 양보: although, even though, though

예: Although it's cold, I'll go for a walk.
(춥지만 나는 산책하러 갈 것이다.)

Even though it was snowy, we kept playing basketball.
(눈이 오고 있었음에도 불구하고, 우리는 계속해서 농구를 하였다.)

Though I had no experience, I got the job.
(비록 나는 경험이 없었지만, 그 직업을 갖게 되었다.)

정도: as if, as though

He looked at me as if he knew me.

(그는 마치 나를 아는 것처럼 나를 쳐다보았다.)

Sarah speaks to me as though I were a child.

(사라는 마치 내가 어린아이인 것처럼 나에게 말한다.)

명사절을 형성하는 종속 접속사

(종속 명사절이라고도 부름)

명사절은 주어, 목적어, 전치사의 목적어로 사용

주어 what: 주절 자리

What he said surprised everyone.

(그가 말한 것은 모두를 놀라게 했다.)

목적어 that: something 자리

I believe that he'll come to the party.
(나는 그가 파티에 올 것이라고 믿는다.)

목적어 whether: something 자리

I don't know whether she will join us.
(나는 그녀가 우리와 함께 할지 알지 못한다.)

목적어 how: something 자리

She taught me how to write a formal letter.
(그녀는 공식 편지를 어떻게 쓰는지 내게 가르쳐 주었다.)

전치사의 목적어 what: something 자리

I am interested in what you have to say.
(나는 네가 말하려는 것에 관심이 있다.)

잠깐 쉬어가기

작가들이 전하는 지혜

Victory belongs to the most persevering.

by Napoleon Bonaparte

승리는 가장 끈기 있는 사람의 것이다.

7과
전치사

한 번 읽고 시작하기!

모든 단어는 품사와 문장 속 역할이 있다.
모든 구는 품사와 문장 속 역할이 있다.
모든 절은 품사와 문장 속 역할이 있다.

전치사 + 명사류 = 형용사구 또는 부사구

장소

at on in

Turn left at the first traffic light.
There are many cars on the road.

over under above below

You can see a bridge over the river.
I am looking for something under my bed.
My school is above the hospital on the map.
Yesterday's temperature is below today's.

onto / into / out of

I jumped onto my bed after finishing my homework.
I jumped into the swimming pool.
She took some money out of her wallet.

across along through

I swam across the river.
a bank across from the school
There are many trees along the river.
You can pass through the tunnel

by/ beside/ next to/ near

between (구분)/ among (구분 안되는 것들)

before/ in front of/ behind

except/ but/ due to/ owing to/ thanks to/ with (함께, 가지고)/ of (소유,동격,~로된)

그 외 전치사들

형용사구

There is a message from James.
My phone is on the table.
His attitude makes me at home.

부사구

I live in Seoul.
I repaired the machine with ease.
I am good at drawing.

시간

for during through

I have lived in Seoul for 7 years.
We need to be quiet during the class.
I go to school from Monday through Friday.

at on in

at two o'clock, at Christmas, at noon
on Christmas day, on Saturday, on October 24th
in 2002, in March, in the morning

in after before

I will arrive in two hours.
I will play baseball after I finish my homework.
I have to finish my homework before I watch YouTube.

until by

I will study English until 10 o'clock.
The store doesn't open until 9 o'clock.

I must get to the meeting by 11 o'clock.
I can finish my assignment by tomorrow.

since from

I have studied English since I was 7 years old.
It will rain from Monday.

Unit 1 시간

전치사는 시간을 나타낼 때 특정 규칙을 따름

in: (계절, 연도)

The weather **in** summer is hot.

(여름의 날씨는 덥다.)

Tom was born **in** 2002.

(톰은 2002년에 태어났다.)

on: (요일, 날짜)

We will meet **on** Wednesday.

(우리는 수요일에 만날 것이다.)

I emailed you **on** the 23rd of January.

(나는 1월 23일에 당신에게 이메일을 보냈습니다.)

at: (구체적 시간)

I have lunch **at** noon.

(나는 정오에 점심을 먹는다.)

I like having coffee **at** night.

(나는 밤중에 커피 마시는 걸 좋아한다.)

I got up **at** 6 o'clock this morning.

(나는 오늘 아침 6시에 일어났다.)

from... to: (시작과 끝)

The shop is closed **from** 9 pm **to** 9 am.

(그 가게는 오후 9시부터 오전 9시까지 문을 닫는다.)

after: (~이후에)

Come **after** some time.

(조금 있다가 와라.)

for: (수치가 있는 기간)

I stayed in New York **for** a month.

(나는 뉴욕에 한 달 동안 머물렀다.)

during: (특정 기간 동안)

No talking is allowed **during** the exam.

(시험보는 동안 잡담은 허락되지 않는다.)

Unit 2 장소

장소를 나타낼 때 쓰이는 전치사

on: (표면 위)

I put the book **on** the table.

(나는 책을 테이블 위에 놓았다.)

in front of: (앞에)

He waited **in front of** the clock tower.

(그는 시계탑 앞에서 기다렸다.)

near: (근처)

The station is **near** the park.

(역은 공원 근처에 있다.)

at: (특정한 지점)

Jay is **at** the bus stop.

(제이는 버스 정류장에 있다.)

in: (~안에)

He keeps toys **in** the box.

(그는 장난감들을 박스 안에 보관한다.)

across: (~가로질러)

Jayden walked **across** the street.

(제이든은 길을 가로질러 걸었다.)

by / next to / beside: (~옆에)

The bank is **by** the supermarket.

(그 은행은 슈퍼마켓 옆에 있다.)

She sat **beside** the window.

(그녀는 그 창문 옆에 앉았다.)

between: (~사이에, 2개)

The bookshop is **between** the post office **and** the florist.

(책방은 우체국과 꽃집 사이에 있다.)

among: (~사이에, 3개 이상)

My bike is **among** the trees over there.

(나의 자전거는 저쪽의 나무들 사이에 있다.)

Unit 3 그 외 전치사

방향

She ran **toward** Malcom.

(그녀는 말콤을 향해 달려갔다.) (~쪽으로)

He jumped **into** the river.

(그는 강으로 뛰어들었다.) (~안으로)

She returned home **from** Australia.

(그녀는 호주에서 집으로 돌아왔다.) (~로부터)

공간

He stood **behind** the door.

(그는 그 문 뒤에 서 있었다.) (~뒤에)

We walked **around** the river.

(우리는 그 강 주변을 걸었다.) (~주변을)

그 외

My mom likes her coffee **with** sugar and milk.
(우리 엄마는 커피를 설탕과 우유를 넣어서 마시는 것을 좋아한다.) (~과 함께)

Unit 4 　형용사구와 부사구

형용사구

전치사구가 명사를 수식할 때 **(명사+형용사구)**

The house **with the red paint** is for sale.
(빨간 페인트칠 된 그 집은 판매 중이다.)

I visited a museum **near the city center**.
(나는 도시 센터 가까이 있는 박물관을 방문했다.)

The park **across the street** has a football pitch.
(길 건너편 공원에는 축구장이 있어요.)

I found a book **on the top shelf**.
(나는 선반 맨 위에서 책 한 권을 찾았다.)

The man **in the black suit** is my brother.
(검은 정장을 입고 있는 남자는 내 동생이다.)

부사구
전치사구가 동사 등을 수식할 때(**동사+부사구**)

He walked **in silence**.
(그는 조용히 걸었다.)

They laughed **at the joke**.
(그들은 그 농담에 웃었다.)

They met **at the coffee shop yesterday**.
(그들은 어제 커피숍에서 만났다.)

My cousin writes **in her journal every night**.

(나의 사촌은 매일 밤 그녀의 일기장에 글을 쓴다.)

Clara spoke **with confidence**.

(클라라는 자신감을 가지고 말했다.)

잠깐 쉬어가기

작가들이 전하는 지혜

If I try my best without regret,
failure doesn't scare me.

내가 후회 없이 최선을 다한다면,
실패는 두렵지 않다.

8과
감탄사

한 번 읽고 시작하기!

모든 단어는 품사와 문장 속 역할이 있다.
모든 구는 품사와 문장 속 역할이 있다.
모든 절은 품사와 문장 속 역할이 있다.

Unit 1 　일반 감탄사(interjection)

갑작스럽거나 강한 감정이나 감정을 표현하는 단어나 문구임

Ouch(아우치) 고통스러울 때

Wow(와우) 놀라울 때

Shh(쉬) 조용히 시킬 때

Whew(휴우) 안도감

Oops(웁쓰) 약간의 실수를 했을 때

Oh my God(오마이갓) 큰 실수나 실망을 할 때

Well(웰) 글쎄(큰 의미는 두지 않음)

Hurray(후레에이) 축하할 때

Yay(예이) 기쁠 때, 환호할 때

Hmm(음) 고민, 생각중일 때

Ew(유우) 혐오감 표현

Hey(헤이) 부를 때, 주목 끌기

Yikes(야익스) 놀라거나, 당황했을 때

Uh-huh(어허) 긍정으로 받아들일 때(맞아, 응)

Unit 2   What 감탄문

용법

What + a/an + 형용사 + 가산 명사(Countable Noun)

What + 형용사 + 복수 명사/불가산 명사(Plural/Uncountable Noun)

what은 복수 형태의 명사나 불가산 명사와 함께 사용될 때 'a/an' 없이 사용

예문들

It is a lovely sofa. **(평서문)**

(그건 정말 예쁜(괜찮은) 소파이다.)

What a lovely sofa! **(감탄문)**

(정말 예쁜(괜찮은) 소파네!)

What tasty sugar!

(정말 맛난 설탕이군!)

What beautiful pictures!

(정말 아름다운 그림들이구나!)

Unit 3 　How 감탄문

용법

How + 형용사 또는 부사 + 주어 + 동사

How cold it is today! 오늘 얼마나 춥던지!

(많이 춥다는 감탄의 의미)

예문들

There are very beautiful flowers in the garden. **(평서문)**

(정원에는 아름다운 꽃들이 있다.)

How beautiful the flowers are in the garden! **(감탄문)**

(정원에 있는 꽃들이 얼마나 아름다운지!)

It is very wonderful to see you again after all these years. **(평서문)**

(이 모든 세월이 지난 후에 당신을 다시 만나게 되어 기쁩니다.)

How wonderful it is to see you again after all these years! **(감탄문)**

(이 모든 세월이 지난 후에 당신을 다시 만나게 되다니, 정말 기쁩니다!)

잠깐 쉬어가기

작가들이 전하는 지혜

Eagles don't catch flies.

독수리는 파리를 잡지 않는다.
(큰 사람은 작은 일에 신경 쓰지 않는다./
자신의 품격에 맞는 일에 집중하라.)

2장

구조론

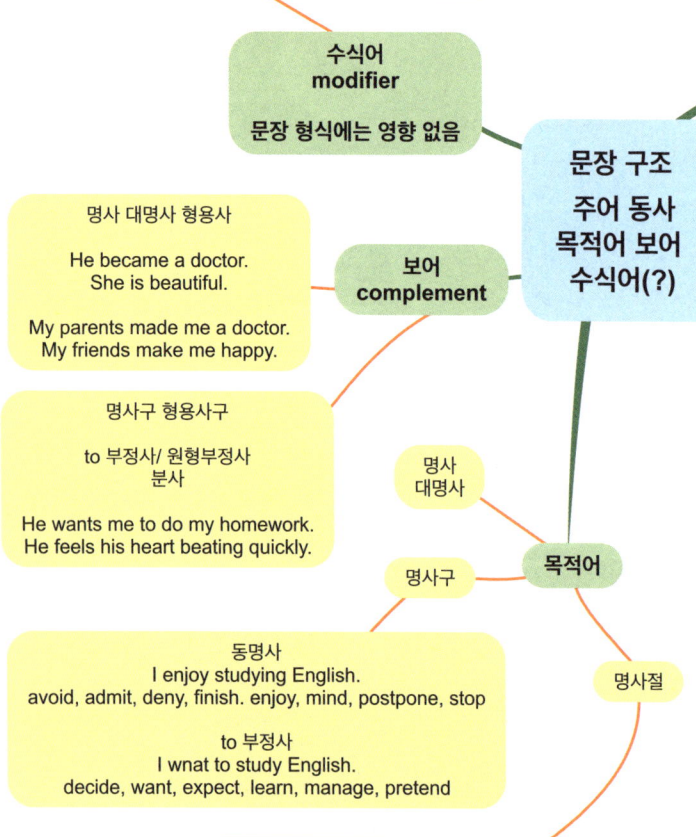

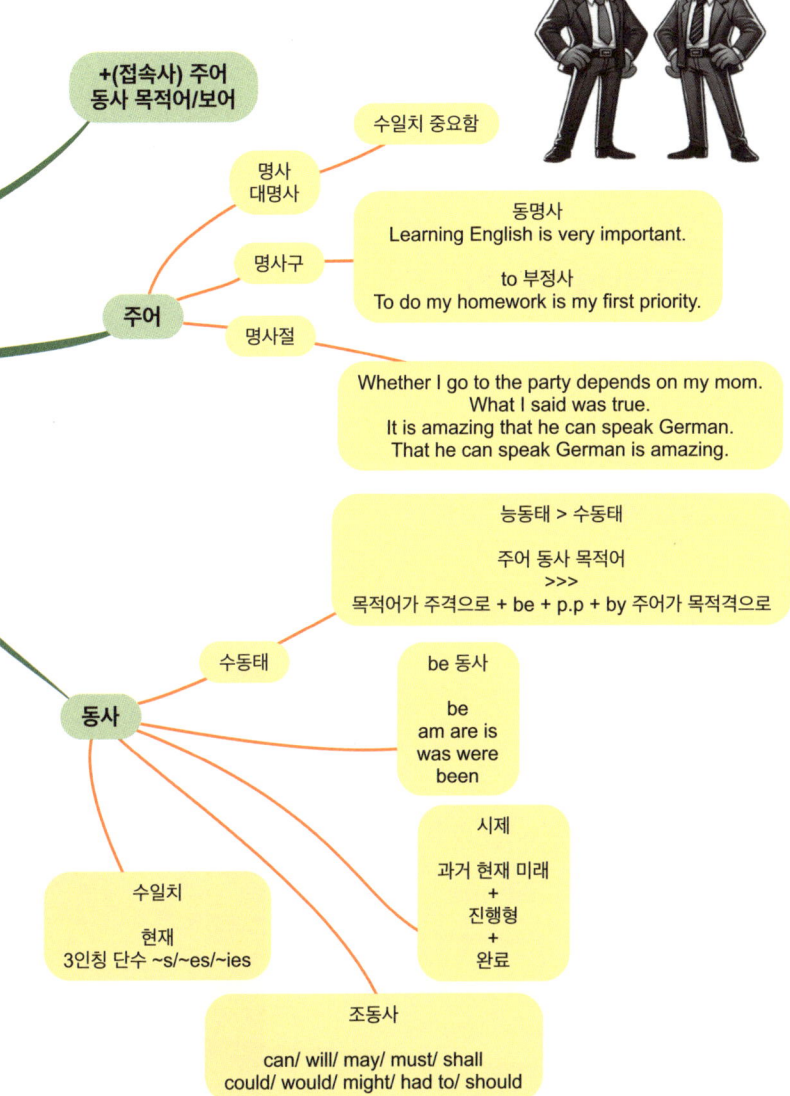

문장을 이루는 요소는 주어, 동사, 목적어, 보어, 수식어, 접속사로,
수식어와 접속사는 문장 구조에 영향을 미치지 않음.

1과

주어

(문장에서 주어 역할을 하는 것)

문장의 주체

단어

명사와 대명사 - 주어 역할 가능

예: **Students** are studying English.

(학생들이 영어를 공부하는 중이다.)

They are hardworking students.

(그들은 열심히 공부하는 학생들이다.) - 모범생

Swimming is my favorite activity.

(수영은 내가 가장 좋아하는 활동이다.) - 동명사도 주어 역할

구

명사구 - 명사 + 여러 단어 결합으로 주어 역할

예: **The book on the table** is Peter's.

(테이블 위에 있는 책은 피터의 것이다.)

A girl in a red jacket asked me for directions.

(빨간 자켓을 입은 소녀가 나에게 길을 물었다.)

To 부정사: 명사적 용법으로 주어 역할

예: **To swim** is my favorite activity.

(수영하는 것이 내가 가장 좋아하는 활동이다.)

To dare is to do. (영국 축구팀 토트넘 모토)

(도전하는 것은 행동하는 것이다. ⇨ 용기를 내서 도전해야 뭔가를 할 수 있다.)

동명사구: 동명사 + 명사

Playing tennis is my hobby.

(테니스를 치는 것은 나의 취미이다.)

절

명사절 - 주어 역할

명사절은 주어와 동사를 포함한 절로, 문장에서 명사처럼 쓰이는 절. 주어 역할.

what 절

예: **What he said** surprised everyone.

(그가 말한 것이 모두를 놀라게 했다.)

that 절

주로 가주어(it)를 사용하여 문장 구조를 변형

예: **That he is coming** is uncertain.

(그가 오는 것은 확실하지 않다.)

→ It is uncertain that he is coming.

(확실하지 않다, 그가 오는 것은.)

whether 절

예: **Whether we will win the game** is uncertain.

(우리가 그 경기를 이길지 확실하지 않다.)

의문사절

예: **Why he gave me a call** tells me something.

(왜 그가 나에게 전화를 했는지는 나에게 무언가를 말해 준다.)

명사, 명사구, 명사절 차이

명사: 단일 단어로 이루어진 주어

(예: John, idea, family, desk, water)

명사구: 명사를 중심으로 **여러 단어가 결합**되어 하나의 의미를 전달하는 주어

예: The red car(그 빨간색 자동차)

A tall man(키 큰 한 남자)

명사절: 주어와 동사를 포함한 절로서 주어 역할을 함

예: What he said was that she passed the exam.

(그가 말한 것은 그녀가 그 시험에 패스했다는 것이다.)

2과

동사

주어의 동작이나 상태

1. 수일치 규칙

단수 주어 + 단수 동사: 주어가 단수일 경우, 동사는 원형 또는 3인칭 단수 형태(동사+s/es)

예: I sleep.(나는 잠을 잔다.)

The cat sleeps.(고양이가 잠을 잔다.)

She goes to school.(그녀는 학교에 다닌다.)

복수 주어 + 복수 동사: 주어가 복수일 경우 동사는 원형 그대로 사용

예: They sleep.(그들은 잠을 잔다.)

The cats sleep.(고양이들이 잠을 잔다.)

집합명사: 문맥에 따라 단수 또는 복수 동사를 사용(일반적으로는 단수 취급)(is, was, has, does)

예: The team is winning.

(팀이 이기고 있다.**(단수로 취급)**)

The team are celebrating.

(팀이 축하하고 있다.**(복수로 취급)**)

My family has a tradition of travelling every summer.

(그룹 전체 행동이며 **단수 취급**)

(우리 가족은 매년 여름 여행하는 전통이 있다.)

불가산 명사: 항상 단수 취급을 하며, 단수 동사를 사용

예: Water flows.(물이 흐른다.)

Information is available now.

(정보는 지금 이용 가능하다.)

특정 구 표현

each, every, 돈, 거리 등의 표현은 단수 취급 및 단수 동사를 사용(is, was, has, does)

예: Each student has a unique ID.

(각각의 학생은 고유한 ID를 가지고 있다.)

Neither option is suitable.

(어느 옵션도 적합하지 않다.)

Ten dollars is enough. (10달러는 충분합니다.)

Five miles is too far. (5마일은 너무 멀어요.)

one of the + 복수 명사(one 이므로 단수동사)

One of the students is absent today.

(학생들 중 한 명이 오늘 결석이다.)

Half of the cake is gone. **(불가산)**

(케이크의 절반이 사라졌다.)

Half of the students are absent today. **(가산)**

(학생들 중 절반이 오늘 결석이다.)

There 문장

There is/are와 같은 구문에서 동사는 주어에 따라 수일치를 맞춤

예: There is a book.(책 한 권이 있다.)

There are many books.(많은 책들이 있다.)

Here 문장 - 뜻은: 여기 있다

A: Can I have the magazine?(그 잡지를 받을 수 있나요?)

B: Here you are.((건네주며) 여기 있어요.)

A: Where are the people?(사람들이 어딨지?)

B: Here they are.(여기들 있었군.)

A: Where is my car key?(내 자동차 키 어딨지?)

B: Here it is.(여기 있어요.)

2. 동사의 성향

일반 동사: 행동이나 동작을 나타냄

예: run(달리다), eat(먹다), write(쓰다)

David runs every morning.

(데이비드는 매일 아침 달리기를 한다.)

Logan eats bread without jam.

(로건은 잼없이 빵을 먹는다.)

I write a journal every week.

(나는 매주 일기를 쓴다.)

상태 동사: 감정, 상태, 소유 등을 나타내며, **보통 진행형으로 사용되지 않음**

예: know(알다), like(좋아하다), own(소유하다)

I know the answer. (나는 답을 알고 있다.)

I am knowing the answer. (X)

Eddie likes travelling overseas.

(에디는 해외 여행하는 것을 좋아한다.)

Eddie is liking travelling overseas. (X)

Elsa owns three restaurants in the city.

(엘사는 그 도시에 식당을 세 개 소유하고 있다.)

Elsa is owning three restaurants. (X)

연결 동사: 주어와 보어를 연결하며, 상태나 성질을 설명함

예: be 동사, seem, become, appear

She is a manager.

(그녀는 매니저입니다.)

He seems tired.

(그는 피곤한 것 같다.)

Susan has become very skilled at playing tennis.

(수잔은 테니스에 매우 능숙해졌다.)

Jake appears happy.

(제이크는 행복해 보인다.)

3. 목적어의 유무

타동사: 목적어가 필요한 동사

(예: read a book, make a cake, buy a car, love this photo, see a movie)

Martin reads a book before he goes to bed.

(마틴은 잠자기 전 책을 읽는다.)

My sister bought a car.

(나의 누나는 자동차를 구입하였다.)

Agatha makes.(x) (아가다는 만든다. 무엇을?)

자동사: 목적어 없이 독립적으로 의미가 완전한 동사

(예: sleep, arrive, swim, fall, sit, cry)

My baby nephew sleeps in his room.

(나의 조카 아기는 그의 방에서 잠잔다.)

My baby nephew cries all day.

(나의 조카 아기는 하루 종일 운다.)

여기서 all day는 시간부사

We arrived at 9 a.m.

(우리는 오전 9시에 도착했다.)

She cried.

(그녀는 울었다.)

The leaves fall in autumn.

(낙엽은 가을에 떨어진다.)

She sits at the table.

(그녀는 테이블에 앉아 있다.)

4. 조동사와 준조동사

조동사

문장에서 본동사 앞에 위치해 본동사의 의미를 보조하며 능력, 가능성, 필요성, 허락 등의 의미를 나타내 줌

예: can, could, may, might, will, would, shall, should, must 등

예: Ellie swims very well. **(단순한 상태설명)**
(엘리는 수영을 매우 잘한다.)
Ellie can swim very well. **(can은 능력)**
(엘리는 수영을 매우 잘 할 수 있다.)

She is late for the meeting. **(단순한 상태설명)**
(그녀는 미팅에 늦네.)
She may be late for the meeting. **(가능성)**
(그녀는 미팅에 늦을지도 몰라요.)

Dana will go to the park. **(미래 행동 의지)**

(데이나는 공원에 갈 것이다.)

Every student should follow the rule. **(충고)**

(모든 학생들은 규칙을 따라야 한다.)

They must enroll by this afternoon. **(필요성)**

(그들은 오늘 오후까지 등록을 해야만 한다.)

특이사항

#1 조동사 뒤에는 항상 본동사 원형이 따라오며, 부정문은 조동사 뒤에 not을 붙임

예: cannot, will not

#2 조동사 뒤에는 바로 또 다른 조동사를 사용할 수 없으나, can만 변형 가능함

Will + can ⇨ will be able to

I will can come to your party.(X)

I will be able to come to your party.(O)

(나는 당신의 파티에 갈 수 있을 거예요.)

#3 의문문은 조동사를 맨 앞으로

Can Ellie swim?(엘리가 수영할 수 있나요?)

#4 부정문은 조동사 뒤에 not

Jake will not come.(제이크는 오지 않을 것이야.)

준조동사

ought to - 의무, 충고

예: You ought to study harder.

(너는 더 열심히 공부해야 해.)

have to - 의무

예: I have to go now. (나 이제 가야 해.)

Jim has to go now. (짐은 이제 가야 해.)

need to - 필요

예: You need to finish your homework.

(너는 숙제를 끝내야 해.)

used to - 과거의 습관

예: I used to play tennis.

(나는 테니스를 치곤 했다.)

조동사와 준조동사의 기능적 공통점

본동사 앞에서 의미를 도와줌

능력, 가능성, 의무, 필요성 등을 기능적 표현

조동사와 준조동사의 형태적 차이점

준조동사 뒤에 to 가 붙음(have to/ need to)

준조동사의 의문문(do 동사 이용)

Tom used to play soccer.

(톰은 축구를 하곤 했었다.)

Did Tom use to play soccer?

(톰이 축구를 하곤 했었니?)

Paul has to pay a fine.

(폴은 벌금을 내야 합니다.)

Does Paul have to pay a fine?

(폴이 벌금을 내야 합니까?)

준조동사의 부정문

She has to go. / She doesn't have to go.

(그녀는 가야만 해 /그녀는 가지 않아도 돼.)

5. Be 동사(~이다/~되다)

Be 동사는 상태나 존재를 나타내며,

am, is, are(현재형)

was, were(과거형)

been(과거분사형) ⇨ 완료시제 등에 사용

예: I am a student.

(나는 학생입니다.)

They are happy.

(그들은 행복합니다.)

We were sad.

(우리는 슬펐어요.)

의문문(be 동사를 문장 앞으로)

예: Am I a student?

(나는 학생인가요?)

Are they happy?

(그들이 행복합니까?)

Were we sad?

(우리가 슬펐었나요?)

부정문: am not, is not 등의 형태로 사용되며 축약형도 가능

예: I'm not a student.

(나는 학생이 아닙니다.)

He isn't fine.

(그는 좋지 않습니다.)

(느낌, 감정, 건강 상태 등이 좋지 않다는 의미)

6. 시제

현재: 주어 + 동사로 형성되며, 동사의 형태는 시제와 주어에 맞게 변형

예: I go to school.

(나는 학교에 간다.) / 습관 또는 규칙적인 행동

과거: 주어 + 동사의 과거형으로 표현

(보통 끝난 시간에 초점, 시간 단서)

예: I went to school yesterday.

(나는 어제 학교에 갔다.)

미래: will 또는 be going to를 사용하여 미래 행동을 나타냄

예: I will go to a party.(나는 파티에 갈 것이다.)

I am going to go to a party.

(나는 파티에 갈 예정이다.) → 예정이 더욱 확실

진행형

현재, 과거, 미래 진행형으로, 특정 시점에서 발생하는 행동을 나타냄

예: I am studying. (나는 공부하는 중이다.)

They were working. (그들은 일하는 중이었다.)

I will be watching TV tonight.

(나는 오늘 저녁 TV를 보고 있을 거예요.)

현재완료형(have/has + p.p)

주어 + have/has + Past Participle(과거분사)

현재완료는 과거의 경험이나 결과가 현재에 영향을 미친 경우 사용(완료, 결과, 계속, 경험)

예: I have read the book. - 경험

(나는 그 책을 읽었다.)

Tess has lived in Africa for 3 years. - 기간, 계속

(테쓰는 아프리카에서 3년간 살았었다.)

Sarah has been to Europe. - 경험

(사라는 유럽에 다녀온 적이 있다.)

현재완료 진행형

과거부터 현재까지 계속 진행 중인 행동

예: He has been living in the US for 10 years.

(그는 미국에서 10년째 살고 있다. ⇨ 지금도)

과거 완료형(had + p.p)

과거완료(대과거)라고 일컬으며, 단순한 과거(끝난 시간에 초점)가 언급되는 상황에서, 그 끝난 시점으로부터 이전에 어떤 사건이 이미 끝난 것에 대해 설명

단순과거시제문장

I arrived at the party at 9pm.

(나는 저녁 9시에 파티에 도착했다.)

Arthur left the party at 8:30pm.

(아써는 저녁 8:30분에 파티를 떠났다.)

과거완료형 문장(위 두문장을 한 문장으로)

→ I arrived at the party at 9pm, but Arthur had already left the party.

(나는 저녁 9시에 파티에 도착했지만, 아써는 이미 파티를 떠나고 없었다.)

수동태(be + p.p)

Someone robbed the bank.

(누군가가 그 은행을 털었다.) - **능동태**

The bank was robbed by someone.

(그 은행은 누군가에 의해서 강도를 당했다.) - **수동태**

The bank was robbed.

(강도보다는 은행이 당한 사건에 초점) - **수동태의 사용 이유**

(은행을 턴 사람은 강도이므로 언급 불필요)

권고문 및 안내문들에 수동태 문장 이용

Passengers are advised to issue tickets early.

(승객들은 티켓을 일찍 발행하기를 권고 받습니다.)

현재완료 수동태(have/has + been + p.p)

His car has been stolen.

(그의 자동차는 도난 당했다.)

- 현재까지 찾지 못함을 알 수 있음

단순 과거와 비교

His car was stolen last month.

(그의 자동차는 지난 달에 도난 당했다.)

- 현재는 자동차를 찾았는지에 대한 단서는 알 수 없음

3과

목적어
(기본은 3형식의 주동목)

동사의 대상

1. 명사(Noun)

명사는 사람, 사물, 장소, 개념 등을 나타내며, 주어와 목적어 역할을 함

예: I bought **a book**.

(나는 책 한 권을 샀다.)

명사구

형용사 + 명사: a new car

명사 + 전치사구: a book about history

소유격 + 명사: her determination

They admired **her determination**.

(그들은 그녀의 결심을 우러러보았다.)

동명사

동명사는 -ing 형태로 명사처럼 사용

예: I like **playing baseball**.

(나는 야구 하는 것을 좋아한다.)

동명사를 취하는 동사들

enjoy(~을 즐기다), like(~을 좋아하다), love(~을 사랑하다), dislike(~을 싫어하다), hate(~을 미워하다), mind(~을 꺼리다)

to 부정사

'to + 동사 원형'으로 목적어로 사용

예: She wants **to travel**.

(그녀는 여행하기를 원한다.)

to 부정사를 취하는 동사들

decide(결정하다), promise(약속하다), refuse(거절하다), agree(동의하다), hope(희망하다), learn(배우다)

2. 대명사

대명사는 명사를 대신하며 목적어로 사용

인칭 대명사 목적격: me, you, him, her, it, us, them

예: He helped **me**.

(그는 나를 도와줬다.)

대명사구

예: We love **all of you**.

(우리는 너희 모두를 사랑한다.)

3. 간접목적어와 직접목적어(4형식)

간접목적어는 대명사로(보통 사람을 지칭),

직접목적어는 명사로 사용

예: I gave them a book.

(나는 그들에게 책을 주었다.)

주어 + 동사 + 간목 + 직목

4. 명사절(Noun Clause)

'that 절', 의문사절, if/whether 절이 목적어 역할

예: I know **that she is coming**.

(그녀가 오는 것을 안다.)

He asked **if I had finished homework**.

(그는 내가 숙제를 끝냈는지 물었다.)

I don't know **whether she likes coffee**.

(나는 그녀가 커피를 좋아하는지 모르겠다.)

목적어 정리

목적어의 기본은 3형식의 주동목

목적어 자리에는 명사, 대명사, 동명사, 부정사, 명사절 등이 올 수 있으며, 다양한 형태로 문장에서 사용됨

…

4과

보어

주어나 목적어를 보충해 주는 말

보어는 문장에서 주어나 목적어의 의미를 보충하는 역할을 하며, 크게 주격 보어와 목적격 보어로 나눌 수 있음

주격 보어

주어의 상태나 성질을 설명하거나, 주어를 다른 명사나 형용사로 연결

2형식: 주어 + 동사 + 주격 보어

위 형식에서 동사는 연결동사 및 불완전동사
대표적으로는 Be 동사 , 지각동사
(seem ~인 것 같다, appear ~보인다, become ~무엇이 된다, look ~보인다(느낌), feel ~느껴지다, taste~ 맛이 나다 등)

불완전동사는 보어 없이 홀로 주어에 대한 의미 전달이 되지 않음
The soup tastes.(X) ⇨ 주어에 대한 설명 부족.

주격 보어는 명사, 형용사, 명사구가 됨

예: I am **Peter**.

(나는 피터이다.) (명사)

The soup tastes **delicious**.

(그 수프는 맛있다.) (형용사)

She became **the CEO of the company**.

(그녀는 그 회사의 CEO가 되었다.) (명사구)

목적격 보어

목적어를 설명하거나 보충

5형식: 주어 + 동사 + 목적어 + 목적격 보어

목적격 보어로 명사, 형용사, to 부정사, 동사원형, 현재분사, 과거분사 등이 올 수 있음

예: I call her **Susan**.

(나는 그녀를 수잔이라고 부른다.) (명사)

I found the movie **interesting**.

(나는 그 영화가 재미있다고 생각했다.) (형용사)

He recommended me **to study Japanese**.

(그는 나에게 일본어를 공부하라고 추천했다.) (to 부정사)

동사원형인 목적격보어 #1 사역동사

She made me **clean** the room.

(그녀는 나에게 방을 청소하게 했다.) (동사원형)

→ 위 문장에서 사용되는 동사를 사역동사라 부르며, **make, have, let, help** 등이 있음

→ He **let** me go.(그는 내가 가도록 허락하였다.)

동사원형인 목적격보어 #2 지각동사

I saw him **run**.(나는 그가 달리는 것을 보았다.) (동사원형)

→ 위 문장에서 사용되는 동사를 지각동사라 부르며, **see, hear, watch** 등이 있음

분사형인 목적격보어

I saw him **running**. (현재분사)

(나는 그가 달려가고 있는 것을 보았다.)

→ **현재분사는 동작 중인 상태를 설명**

We found the door **locked**. (과거분사)

(우리는 그 문이 잠겨 있던 것을 발견했습니다.)

They had the car **repaired**. (과거분사)

(그들은 그 자동차를 수리 완료하였습니다.)

→ **과거분사는 완료된 상태를 설명**

보어와 부사의 차이(헷갈리는 문장 구성)
보어자리에는 명사, 형용사, 명사구, to 부정사, 동사원형, 현재분사, 과거분사 등이 오며 필수요소

2형식 문장: 주어+동사+보어
예: She looks tired. (보어: tired)

(그녀는 피곤해 보입니다.)

- **보어: tired가 없으면 문장은 불완전**

부사는 수식어로서 부가적인 요소

1형식 문장: 주어+동사

예: She runs.

(그녀는 달린다.)

She runs quickly. (부가적 요소: quickly)

(그녀는 빠르게 달린다.)

- 부사: quickly가 없어도 문장은 완전

5과
수식어
(Modifier)

문장 요소들을 꾸며주는 말

수식어는 문장의 주요 성분(주어, 동사, 목적어, 보어)을 꾸미거나 설명하는 단어, 구, 절로, 문장의 의미를 더 구체적이고 풍부하게 만듦

수식어의 형태

단어(Word): 형용사와 부사

형용사(명사수식)

The blue sky is beautiful.

(파란 하늘이 아름답습니다.)

(형용사 blue가 sky 수식)

부사(동사수식) - 부가적인 정보를 줌

He spoke softly. (그는 부드럽게 말했습니다.)

(부사 softly가 동사 spoke 수식)

구(전치사와 결합되면 전치사구라고도 함)

형용사구: 명사를 수식

A man **with a beard** entered the room.

(수염이 있는 한 남자가 그 방에 들어갔습니다.)

(형용사구 with a beard가 명사 man 수식)

부사구: 동사, 형용사, 부사를 수식하며 부가적인 정보를 줌

She drove **with great care**.

(그녀는 아주 조심히 운전을 했습니다.)

(부사구 with great care가 동사 drove 수식)

절

형용사절: 관계대명사로 시작, 명사를 수식

The car **that he bought** is expensive.

(그가 샀던 그 차는 비쌉니다.)

(형용사절 that he bought이 명사 car 수식)

부사절: 접속사로 시작, 동사나 문장 전체를 수식하며 부가적인 정보를 줌

She left **because she was tired**.

(그녀는 피곤해서 떠났습니다.)

(부사절 because she was tired가 앞에 문장 수식)

6과
접속사

단어+단어 / 구+구 / 절+절 사이를 연결

등위접속사

단어, 구, 절을 이어 줌

예: and, but, or, for, nor, yet, so

예문: She loves reading books **and** enjoys writing stories.

(그녀는 책 읽는 것을 좋아하며, 이야기를 쓰는 것도 즐긴다.)

You can have sushi **or** pasta.

(당신은 스시 또는 파스타를 먹을 수 있다.)

상관접속사

단어, 구, 절을 연결하며, 쌍을 이루는 접속사

예: both A and B, either A or B, not only A but also B, as... as

Both Tom **and** Julie are coming to my birthday party.

(톰과 줄리 둘 다 내 생일 파티에 올 것이다.)

She is **not only** intelligent **but also** kind-hearted.

(그녀는 똑똑할 뿐만 아니라 마음씨도 따뜻하다.)

종속접속사

종속절을 이끌어 주며 이유, 조건, 시간 등을 나타냄

이유: because, since, as

She stayed up late **because** she had to finish her project.

(그녀는 프로젝트를 끝내야 해서 늦게까지 깨어 있었다.)

조건: if, unless, provided that

I can't help you **unless** you come here.

(당신이 여기 오지 않으면, 나는 당신을 도울 수 없다.)

시간: when, after, before, until

Dana stayed at the café **until** midnight.

(데이나는 자정까지 카페에 있었다.)

대조: although, even though, whereas

Whereas my mom is outgoing, my dad is very shy.

(우리 엄마는 외향적인 반면, 우리 아빠는 매우 내성적이다.)

Many people prefer shopping in a department store **whereas** some others like shopping in a local market.
(많은 사람들은 백화점에서 쇼핑하는 것을 선호하는 반면, 어떤 사람들은 지역 시장에서 장보는 것을 좋아한다.)

명사절을 이끄는 종속접속사

주어 역할: What

What we need is your investment.
(우리가 필요한 것은 당신의 투자입니다.)

목적어 역할: that, whether, if

I believe **that he'll come to the party**.
(나는 그가 파티에 올 거라고 믿는다.)

Tell me **if you need help**.
(도움 필요하면 말해.)

제일
얇은
영문법

ⓒ 태왕기·장윤식, 2025

초판 1쇄 발행 2025년 6월 5일

지은이	태왕기(Jacob T)·장윤식(Peter J)
펴낸이	이기봉
편집	좋은땅 편집팀
펴낸곳	도서출판 좋은땅
주소	서울특별시 마포구 양화로12길 26 지월드빌딩 (서교동 395-7)
전화	02)374-8616~7
팩스	02)374-8614
이메일	gworldbook@naver.com
홈페이지	www.g-world.co.kr

ISBN 979-11-388-4336-2 (03740)

- 가격은 뒤표지에 있습니다.
- 이 책은 저작권법에 의하여 보호를 받는 저작물이므로 무단 전재와 복제를 금합니다.
- 파본은 구입하신 서점에서 교환해 드립니다.